BEI GRIN MACHT SICH IHR WISSEN BEZAHLT

- Wir veröffentlichen Ihre Hausarbeit, Bachelor- und Masterarbeit

- Ihr eigenes eBook und Buch - weltweit in allen wichtigen Shops

- Verdienen Sie an jedem Verkauf

Jetzt bei www.GRIN.com hochladen und kostenlos publizieren

Trainingsplan für ein achtwöchiges Ausdauertraining zur Gewichtsreduktion

Jana Braun

Bibliografische Information der Deutschen Nationalbibliothek:

Die Deutsche Nationalbibliothek verzeichnet diese Publikation in der Deutschen Nationalbibliografie; detaillierte bibliografische Daten sind im Internet über http://dnb.d-nb.de abrufbar.

ISBN: 9783346845825
Dieses Buch ist auch als E-Book erhältlich.

© GRIN Publishing GmbH
Nymphenburger Straße 86
80636 München

Druck und Bindung: Books on Demand GmbH, Norderstedt Germany
Gedruckt auf säurefreiem Papier aus verantwortungsvollen Quellen

Das Buch bei GRIN: https://www.grin.com/document/1333993

Inhaltsverzeichnis

1 Diagnose

1.1 Allgemeine und biometrische Daten

Die folgende Tabelle veranschaulicht vorerst die allgemeinen und biometrischen Daten von der zu trainierenden Person. Man erhält einen Überblick über den allgemeinen Gesundheitszustand und den Trainingsstatus der Klientin. Durch diese Daten erhält man alle notwendigen Informationen und wichtige Hinweise zur Person, welche für das weitere Vorgehen benötigt werden. Sie dient als Grundlage für die Erarbeitung eines individuellen und sinnvollen Trainingsplans.

Tab. 1 Zusammenstellung allgemeiner und biometrischer Daten der Person

Allgemeine Daten	
Alter	25 Jahre
Geschlecht	weiblich
Körpergröße	1,72 m
Körpergewicht	83 kg
BMI	28
Berufliche Tätigkeit	Industriekauffrau (überwiegend sitzende Tätigkeit)
Trainingsmotive	· Gewichtsreduktion · Längere Strecken laufen können · Ausgleich zum Arbeitsalltag
Ausdauertrainingserfahrung	8 Monate
Aktuelle sportliche Aktivitäten	Joggen (outdoor, 1-2 mal wöchentlich, 5-8 km)
Frühere sportliche Aktivitäten	· Seit 2014 bis 2018 Fußball (3 mal wöchentlich,à 90 Minuten) · Seit 2017 bis 2021 Ganzkörper Homeworkouts (1 mal wöchentlich, 30 Minuten)
Zeitlicher Verfügungsrahmen	2-3 mal wöchentlich, à 60-90 Minuten
Biometrische Daten	
Blutdruck	120/83 mmHg
Ruhepuls	64 Schläge/Minute
Allgemeiner Gesundheitszustand	
Orthopädische Probleme	LWS Beschwerden nach längerem Sitzen, bei Bewegung keine Probleme
Internistische Probleme	keine
Ärztliche Behandlungen	keine
Einnahme von Medikamenten	keine

1.2 Leistungsdiagnostik/Ausdauertestung anhand des Hollmann-Venrath-Test

Im nächsten Schritt wird mit der Klientin eine Ausdauertestung durchgeführt, um ihren aktuellen Trainingsstatus anhand von alters- und geschlechtsspezifischen Normwerten, genauer zu ermitteln und damit das Training später besser planen zu können und die optimale Trainingsintensität bestimmen zu können. Es stehen unterschiedliche Ausdauertestverfahren zur Verfügung. Es gibt apparateaufwendige Verfahren, wie die Spiroergometrie oder die Laktatmessung. (Kunz & Karanikas (2016, S.197) Beide zählen unter anderem zu den Labortests. Labortests sind durch eine hohe Standardisierung der Testdurchführung, der Testgeräte sowie der Messinstrumente bzw. –verfahren und der Umwelteinflüsse gekennzeichnet und werden, wie der Name bereits vermuten lässt, überwiegend in biomechanischen und leistungsdiagnostischen Labors, aber z. B. auch Sport- und Gesundheitseinrichtungen durchgeführt. Dadurch wird bei dieser Art der leistungsdiagnostischen Testverfahren zwar eine hohe Validität und Reliabilität sowie eine gute intra- und interindividuelle Vergleichbarkeit der Testergebnisse erreicht, allerdings sollten sie hinsichtlich der Testökonomie, der Verfügbarkeit von Geräten und Räumlichkeiten und der Übertragbarkeit der Testergebnisse aus dem Labor auf die realen Bedingungen in der Trainings- und Wettkampfpraxis durchaus kritisch betrachtet werden (Meyer & Faude, 2006, S. 147). Aus diesem Grund hat man sich in diesem Fall für den Hollmann-Venrath-Test (H&V-Test) entschieden, da er in diesem Rahmen gut durchzuführen und zu realisieren ist. Dies ist einer der etabliertesten Fahrradergometertests zur Beurteilung der Ausdauerleistungsfähigkeit in gewöhnlichen Freizeit- und Gesundheitseinrichtungen. Der Test ist für, vor allem jüngere, durchschnittlich bis gut trainierte Personen ausgelegt, denen eine Belastbarkeit von mindestens 150 Watt zugetraut werden kann, wo sich die Kundin gut einordnen lässt. Es ist ein Stufentest mit einer submaximalen Belastung, was bedeutet, dass die Kundin nicht an ihr absolutes Limit geht. Ein submaximaler Test bewertet die Grundlagenausdauer. Es wird mit einer Eingangsbelastung von 30 Watt gestartet. Danach folgt mit einer Stufendauer von drei Minuten, je eine Belastungssteigerung von 40 Watt. Die Umdrehungszahl, in der getrampelt wird, ist auf 65-70 Umdrehungen pro Minute (U/min) festgelegt. Beendet wird der Test, wenn die nach IPN ermittelte Pulsobergrenze erreicht wird, oder andere Abbruchkriterien, wie subjektive Beschwerden oder ungewöhnliches Blutdruckverhalten, eintreffen. Bei der Voreinstufung nach Ruheherzfrequenz und Lebensalter (modifiziert nach Trunz, 2001; IPN, 2004, S. 4) kann man die Kundin bei 145 Schlägen pro Minute (S/min) einordnen. Da ihr bisheriges

Ausdauertraining nicht über 2-3 mal, á 1-2 Stunden pro Woche beträgt, kommt kein Puls-aufschlag hinzu. (modifiziert nach Trunz, 2001; IPN, 2004, S. 4). Somit beträgt die für den Test ermittelte Pulsobergrenze 145 S/min.

In der folgenden Tabelle ist der gesamte Testverlauf genauer dargestellt.

Tab. 2: Ausdauertestprotokoll

Allgemeine Daten	
Name	-
Alter	25
Geschlecht	Weiblich
Größe	1,72 m
Gewicht	83 kg
Blutdruck	120/83 mmHg
Ruhepuls	64 S/min
Hollmann-Venrath-Test (H&V-Test)	
Testprofil	Stufentest
Belastungsgrad	submaximal
Eingangs-belastung	30 Watt
Stufendauer	3 Minuten
Belastungs-steigerung	40 Watt
Umdrehungszahl	65-70 U/Minute
Pulsobergrenze	145 S/min nach IPN
Abbruchgrenze	145 S/min nach IPN

Eingangstest		Datum: 13.10.2022		
Zeit(min)	Watt	Herzfrequenz(S/min)		
		(1)	(2)	(3)
3 Minuten	30	100	104	110
6 Minuten	70	113	115	120
9 Minuten	110	126	129	137
12 Minuten	150	140	147	-
Watt gesamt		163 nach Zeitinterpolation		
Watt/kg		1,96		
Bewertung nach Normtabelle		Ø		

Betrachtet man die Leistungsdiagnostik genauer, ist zu erkennen, dass die Trainierende nach der ersten Minute, also zu Beginn, bei 30 Watt, eine Herzfrequenz von 100 Schlägen pro Minute hat. Die Herzfrequenzmessungen finden minütlich statt, um genauere Daten zu erfassen. Danach steigt die Herzfrequenz, bei steigender Intensität, stetig. Nach zwölf Minuten liegt die Herzfrequenz mit 140 Schlägen/Minute schon relativ hoch und sehr nah an der ermittelten Pulsobergrenze(145 S/min). Nach 13 Minuten ist diese Grenze mit ei-ner Herzfrequenz von 147 S/min dann überschritten. Da die Pulsobergrenze vor dem Be-enden der entsprechenden Belastungsstufe erreicht wurde, kann man eine Zeitinterpola-tion durchführen. Die erste Minute bei 150 Watt kann man demnach noch zählen. Dann kann man die Belastungssteigerung (40 Watt) durch die Stufendauer (3 Minuten) teilen und erhält 13,3 Watt. Da eine Minute bei 150 Watt noch im richtigen Pulsbereich gefahren wurde, kann man diese noch anrechnen und kommt somit nach einer Zeitinterpolation auf die Wattgesamtzahl 163. Teilt man die Wattgesamtzahl durch das Gewicht der Trainierenden erhält man 1.96. Dieser Wert lässt sich dann in die, für Frauen vorgesehene Normtabelle nach IPN (modifiziert nach Trunz, 2001; IPN, 2004), welche Alter und Intensität im Verhältnis betrachtet, einsetzen. Danach lässt sich die Trainierende im mittleren Durchschnitt einordnen.

1.3 Gesundheits- und Leistungsstatus der Person

Die in Tabelle 1 dargestellte Person ist weiblich und 25 Jahre alt. Mit einer Körpergröße von 1,72 m und einem Gewicht von 83kg ergibt sich ein Body-Mass-Index (BMI) von 28, welcher somit im hohen Übergewicht liegt. (Kunz & Karanikas (2016, S.458) Die Person ist als Industriekauffrau tätig und somit überwiegend sitzend tätig. Durch das überwiegende Sitzen in ungünstigen Haltungen ergeben sich die genannten orthopädischen Probleme, wie Beschwerden im LWS-Bereich. Die Trainierende erhofft sich durch Ausdauertraining unter anderem einen Ausgleich zum Arbeitsalltag, sowie eine Gewichtsreduktion. Außerdem nennt sie als Trainingsmotiv, längere Strecken laufen zu können. Die Kundin gibt an, eine Ausdauertrainingserfahrung von acht Monaten zu haben, in denen Sie 1-2 mal wöchentlich 5-8 km outdoor Joggen geht, was in der Trainingsplanung beachtet werden sollte, da Sie bereits als Fortgeschritten eingestuft werden kann. Sie hat keinerlei Bewegungseinschränkungen. Sie hat einen Ruhepuls von 64 Schlägen pro Minute und liegt damit im Normbereich (60-80 Schläge pro Minute). Internistische Erkrankungen, sowie die Einnahme von Medikamenten liegen nicht vor. Die Kundin hat einen Blutdruck von 120/83 mmHg.

Tab. 3 Blutdruckklassifikation der American Heart Association
(modifiziert nach Mancia et al., 2007, S.1286)

Bewertungsstufen	Systolischer Blutdruck	Diastolischer Blutdruck
Normblutdruck (Normotonie)		
Optimal	<120 mmHg*	<80 mmHg
Normal	<130 mmHg	<85 mmHg*
Hochnormal	130-139 mmHg	85-89 mmHg
Bluthochdruck (arterielle Hypertonie)		
Stufe 1	140-159 mmHg	90-99 mmHg
Stufe 2	160-179 mmHg	100-109 mmHg
Stufe 3	>180 mmHg	>110 mmHg

* Klientin

Anhand von Tabelle 2 lässt sich der systolische Blutdruck der Klientin als optimal und der diastolische Blutdruck als normal einordnen. (Mancia et al., 2007, S. 1286) Da der schlechtere Wert der beiden aussagekräftig ist, lässt sich der Blutdruck der Klientin als normal einstufen. Die Kundin zeigt keine besonderen internistischen und orthopädischen Auffälligkeiten. Ärztliche Behandlungen sowie die Einnahme von Medikamenten liegen auch nicht vor, deshalb ist Sie gesundheitlich vollständig belastbar. Den Leistungsstatus kann man so bewerten, dass die Klientin sich in einem durchschnittlichen Bereich bewegt. Sie besitzt eine gewisse Grundlagenausdauer, welche jedoch ausbaufähig ist. Nach Betrachtung des gesundheitlichen Zustands in Kombination mit dem aktuellen Leistungsstatus, lässt sich festhalten, dass die Klientin keine Einschränkungen vorweist, welche die Belastbarkeit und Trainierbarkeit in irgendeiner Hinsicht beeinträchtigen wird. Sie ist demnach vollständig belastbar und trainierbar.

2 Zielsetzung/Prognose

Tab.4 Zieldarstellung

Inhalt	Ausmaß	Zeit
Gewichtsreduktion	-7 kg	in 4 Monaten
Grundlagenausdauer verbessern	16% (nächste große Wattstufe/190 Watt)	in 8 Wochen (1.Mesozyklus)
Blutdruck senken	Von 83 mmHg auf mindestens 80 mmHg diastolisch (Optimalbereich)	in 8 Wochen (1.Mesozyklus)

Die oben dargestellte Tabelle stellt die Ziele der Klientin dar. Sich Ziele zu setzen, ist gerade im Freizeit- und Gesundheitssport wichtig. Hat die Kundin realistische Ziele, die an sie angepasst sind, vor den Augen, weiß sie, was theoretisch möglich ist und bleibt somit motiviert, um diese dann auch zu erreichen. Um ein Ziel genau zu definieren, muss immer der Inhalt, das Ausmaß und die Zeit der Zielerreichung angegeben werden. Aus der Anamnese, den Daten und Trainingsmotiven der Kundin wurden gemeinsam diese drei langfristigen Ziele erarbeitet. Da eines ihrer Trainingsmotive bereits die Gewichtsreduktion war, ist diese als erstes Ziel benannt worden. Der Wunsch der Kundin war es, mindestens sieben Kilogramm Körpergewicht zu verlieren. Diese wurden als Ausmaß des

Ziels definiert. Da ein Kilogramm Fett 7000 Kalorien hat, würde man dieses Kilogramm in zwei Wochen verlieren, wenn man mit einem Kaloriendefizit von 500 Kilokalorien pro Tag arbeitet. Daraus resultierend benötigt man für sieben Kilogramm 14 Wochen. Da der Kunde das Kaloriendefizit eventuell nicht jeden Tag einhält, wurde die Zeit, in der das Ziel zu erreichen ist, auf vier Monate gelegt, um realistisch zu bleiben. Das zweite Ziel der Klientin ist es, ihre Grundlagenausdauer zu verbessern. Das Ausmaß ist dabei, die nächste große Wattstufe, das heißt 190 Watt zu erreichen. Von ihrem aktuellen Ergebnis (160 Watt) ist das eine Steigerung von ca. 16%. Außerdem würde die Klientin dann in der Normwerttabelle über dem Durchschnitt, beim ersten Smiley, landen, was Sie sich ebenfalls gewünscht hat. Das ganze soll in acht Wochen, also nach dem 1. Mesozyklus, erreicht werden, was mit der richtigen Trainingssteuerung definitiv möglich ist. Das dritte Ziel der Klientin ist es, Ihren Blutdruck zu senken. Das Ausmaß ist das Erreichen des Optimalbereichs der Blutdruckklassifikation der American Heart Association, das heißt Ihren diastolischen Blutdruck von 83mmHg auf mindestens 80mmHg zu senken. Das ganze soll ebenfalls nach dem 1. Mesozyklus, also in acht Wochen erreicht werden. Nach den Ergebnissen von Studien sind 80 Prozent der maximalen antihypertensiven Wirkung von 10 mmHg zu 8 mmHg nach zehn bis zwölf Wochen erreicht. Die Wirkung ist dabei umso ausgeprägter, je höher der Ausgangs-Blutdruck ist. Demnach sind acht Wochen ein realistischer Zeitraum, um Ihren Blutdruck in den Optimalbereich zu bringen. Außerdem sinkt der Blutdruck pro abtrainiertes Kilogramm Körpergewicht um 1,5 bis 2 mmHg systolisch und um 1,2 bis 1,5 mmHg diastolisch. Da die Gewichtsreduktion auch eines Ihrer Ziele ist, wird das Erreichen des dritten Zieles bei korrektem Einhalten des Trainingsplans durchaus von alleine kommen, beziehungsweise erleichtert. Um die Intentionen besser festhalten zu können, kann sich der Trainer und auch die Klientin an der SMART-Methode (spezifisch, messbar, attraktiv, realistisch, terminiert) orientieren. Mit den ausgemachten Parametern sollten qualitative und quantitative Messgrößen bestimmt werden und die Intentionen sollten so festgelegt werden, dass der Klient Motivation hat, diese zu erreichen. Die Aufgaben sollen innerhalb der Zeit und mit den vorgegebenen Mitteln machbar und realistisch eingeschätzt sein, sodass man abschließend einen klaren Zeitplan strukturiert, bis wann und in welcher Form diese Ziele zu erledigen sind (Drucker, 1977). Zwischen den festgelegten Zeiträumen wird mit der Klientin über alle aktuellen Parameter Rücksprache gehalten, um zu kontrollieren, wie es aussieht, oder ob man gegebenenfalls Anpassungen in der Trainingssteuerung vornehmen muss. Neben dem Trainingsplan hat die Klientin noch einen Ernährungsplan, um Ihr Ziel der Gewichtsreduktion zu erreichen. Darin steht unter anderem, dass sie zwei bis drei Stunden vor dem Training keine

Kohlenhydrate(KH) mehr zu sich nehmen sollte. Nimmt man KH zu sich steigt der Insulinspiegel, da das Insulin die Glucose aus den KH in die Zellen bringt. Das Fett kann während diesem Vorgang nicht in den Zellen abgebaut werden und weiß nicht wohin. KH-reiche Ernährung hemmt also die Fettoxidation. Da die Klientin bisher nicht nach einer systematischen Trainingssteuerung trainiert hat, folgt diese nun.

3 Trainingsplanung Mesozyklus

3.1 Grobplanung Mesozyklus

Tab. 5 Grobplanung Mesozyklus

Grobplanung Mesozyklus	
Mesozyklusdauer	8 Wochen
Trainingsziel/Trainingsbereich	Stabilisierung Grundlagenausdauer (GA1-Training)
Belastungsumfang pro Woche	2-3 Stunden
Trainingsmethoden	Extensive Dauermethode Variable Dauermethode
Trainingsintensitäten	50-60% Hfmax (regenerativ) 60-75% Hfmax (extensive Dauermethode) 70-85 % Hfmax (variable Dauermethode)
Trainingshäufigkeit pro Woche	3 mal
Dauer pro Trainingseinheit	15-30 min (regenerativ) 40-90 min (extensiv) 40-50 min (variabel)
Trainingsgeräte/ Bewegungsformen	Joggen(Outdoor), Fahrrad, Crosstrainer

3.2 Detailplanung Mesozyklus

Die folgende Tabelle stellt den oben grob beschriebenen Mesozyklus über 8 Wochen nun genauer dar. Dabei wird jede Woche einzelnd aufgezeigt mit den Parametern Trainingstage, Trainingsziel, Trainingsmethode, Trainingsintensität, Pulsunter-/obergrenze, Trainingsdauer und Trainingsgerät/Bewegungsform. Bei der Pulsunter-/obergrenze und so mit der Intensität wird sich an der maximalen Herzfrequenz (Hfmax) orientiert. Um die maximale Herzfrequenz zu bekommen, rechnet man 220 minus das Lebensalter der Person. Also in diesem Fall 220-25=195 (S/min). Das beschreibt die 100%ige Leistungsfähigkeit des Herz-Kreislaufsystems und ist eine wichtige Bezugsgröße zur Belastungsdosierung. Die Intensität bezieht sich dann immer auf die Hfmax, also immer auf 195 Schlägen pro Minute.

Tab. 6 Detailplanung Mesozyklus Woche 1-8

Woche 1	Montag	Donnerstag	Samstag
Trainingsziel	GA1	GA1/GA2	GA1
Trainingsmethode	Extensive Dauermethode	Variable Dauermethode	Extensive Dauermethode
Trainingsintensität	70-75% Hfmax	70-75% Hfmax (extensiver Bereich) 80-85% Hfmax (intensiver Bereich)	60-65% Hfmax
Pulsunter-/obergrenze (Schläge pro Minute)	137-146	137-146	117-127
Trainingsdauer	30 Minuten	40 Minuten (5:5)	60 Minuten
Traingsgerät/ Bewegungsform	Fahrrad	Joggen(Outdoor)	Crosstrainer

Woche 2	Montag	Donnerstag	Samstag
Trainingsziel	GA1	GA1/GA2	GA1
Trainingsmethode	Extensive Dauermethode	Variable Dauermethode	Extensive Dauermethode
Trainingsintensität	70-75% Hfmax	70-75% Hfmax (extensiver Bereich) 80-85% Hfmax (intensiver Bereich)	60-65% Hfmax
Pulsunter-/obergrenze (Schläge pro Minute)	137-146	137-146	117-127
Trainingsdauer	35 Minuten	45 Minuten (5:5)	65 Minuten
Traingsgerät/ Bewegungsform	Fahrrad	Joggen(Outdoor)	Crosstrainer

Woche 3	Montag	Donnerstag	Samstag
Trainingsziel	GA1	GA1/GA2	GA1
Trainingsmethode	Extensive Dauermethode	Variable Dauermethode	Extensive Dauermethode
Trainingsintensität	70-75% Hfmax	70-75% Hfmax (extensiver Bereich) 80-85% Hfmax (intensiver Bereich)	60-65% Hfmax
Pulsunter-/obergrenze (Schläge pro Minute)	137-146	137-146	117-127
Trainingsdauer	40 Minuten	45 Minuten (5:5)	75 Minuten
Traingsgerät/ Bewegungsform	Fahrrad	Joggen(Outdoor)	Crosstrainer

Woche 4	Montag	Donnerstag	Samstag
Trainingsziel	GA1	GA1/GA2	REKOM
Trainingsmethode	Extensive Dauermethode	Variable Dauermethode	Extensive Dauermethode
Trainingsintensität	60-65% Hfmax	70-75% Hfmax (extensiver Bereich) 80-85% Hfmax (intensiver Bereich)	55-60% Hfmax
Pulsunter-/obergrenze (Schläge pro Minute)	117-127	137-146	107-117
Trainingsdauer	40 Minuten	45 Minuten (5:5)	20 Minuten
Traingsgerät/ Bewegungsform	Crosstrainer	Joggen(Outdoor)	Fahrrad

Woche 5	Montag	Donnerstag	Samstag
Trainingsziel	GA1	GA1/GA2	GA1
Trainingsmethode	Extensive Dauermethode	Variable Dauermethode	Extensive Dauermethode
Trainingsintensität	70-75% Hfmax	70-75% Hfmax (extensiver Bereich) 80-85% Hfmax (intensiver Bereich)	65-70% Hfmax
Pulsunter-/obergrenze (Schläge pro Minute)	137-146	137-146	127-137
Trainingsdauer	35 Minuten	40 Minuten (5:5)	60 Minuten
Traingsgerät/ Bewegungsform	Fahrrad	Joggen(Outdoor)	Crosstrainer

Woche 6	Montag	Donnerstag	Samstag
Trainingsziel	GA1	GA1/GA2	GA1
Trainingsmethode	Extensive Dauer-methode	Variable Dauerme-thode	Extensive Dauerme-thode
Trainingsintensität	70-75% Hfmax	70-75% Hfmax (extensiver Bereich) 80-85% Hfmax (intensiver Bereich)	65-70% Hfmax
Pulsunter-/obergrenze (Schläge pro Minute)	137-146	137-146	127-137
Trainingsdauer	40 Minuten	45 Minuten (5:5)	65 Minuten
Traingsgerät/ Bewegungsform	Fahrrad	Joggen(Outdoor)	Crosstrainer

Woche 7	Montag	Donnerstag	Samstag
Trainingsziel	GA1	GA1/GA2	GA1
Trainingsmethode	Extensive Dauer-methode	Variable Dauerme-thode	Extensive Dauerme-thode
Trainingsintensität	70-75% Hfmax	70-75% Hfmax (extensiver Bereich) 80-85% Hfmax (intensiver Bereich)	65-70% Hfmax
Pulsunter-/obergrenze (Schläge pro Minute)	137-146	137-146	127-137
Trainingsdauer	35 Minuten	50 Minuten (5:5)	90 Minuten
Traingsgerät/ Bewegungsform	Fahrrad	Joggen(Outdoor)	Crosstrainer

Woche 8	Montag	Donnerstag	Samstag
Trainingsziel	GA1	GA1/GA2	REKOM
Trainingsmethode	Extensive Dauer-methode	Variable Dauerme-thode	Extensive Dauerme-thode
Trainingsintensität	65-70% Hfmax	70-75% Hfmax (extensiver Bereich) 80-85% Hfmax (intensiver Bereich)	55-60% Hfmax
Pulsunter-/obergrenze (Schläge pro Minute)	127-137	137-146	117-127
Trainingsdauer	30 Minuten	40 Minuten (5:5)	30 Minuten
Traingsgerät/ Bewegungsform	Crosstrainer	Joggen(Outdoor)	Fahrrad

3.3 Begründung zum Mesozyklus

Der oben dargestellte Mesozyklus hat eine Dauer von 8 Wochen. Da die Kundin bisher nur nach einem Gesundheits-Minimalprogramm tariniert hat, sie aber bereits ein relativ stabiles Ausdauerleistungsniveau hat, wird in diesem Mesozyklus nach einem Gesundheits-Optimalprogramm trainiert, denn ab drei Monaten Ausdauertrainingserfahrung kann eine Person Fortgeschritten sein und man kann mit einem Optimalprogramm beginnen. Darin trainiert die Klientin drei Tage in einer Woche, montags, donnerstags und samstags, denn nach dem Prinzip der Dauerhaftigkeit und Kontinuität ist ein regelmäßiges Ausdauertraining mindestens ein bis zwei Mal pro Woche empfohlen, optimal ist drei bis vier mal oder mehr.

Das Ziel dieses Mesozyklus ist die Stabilisierung der Grundlagenausdauer (GA1-Training), da das auch eines Ihrer oben aufgezählten Ziele und Trainingsmotive ist. Der Belastungsumfang beträgt 2 - 3 Stunden in der Woche. Als Trainingsmethoden werden die extensive Dauermethode und die variable Dauermethode genutzt. Als Trainingsgeräte wird der Crosstrainer und das Fahrrad ausgewählt. Da die Kundin bereits regelmäßig draußen joggen war und das auch gerne weiterhin tun möchte, ist eine Einheit der Woche für draußen Joggen vorgesehen. Somit hat man auch in der Geräteauswahl/Bewegungsform eine Abwechslung, damit es für die Kundin nicht einseitig und langweilig wird. In der ersten Woche des Mesozyklus wird zweimal mit der extensiven Dauermethode und einmal mit der variablen Dauermethode trainiert. Bei der extensiven Dauermethode, mit dem Ziel GA1-Training, geht es überwiegend um den Aufbau der Grundlagenausdauer, deshalb wird montags in einer Einheit von 30 Minuten auf dem Fahrrad mit einer Intensität von 70 - 75% Hfmax und samstags in einer Einheit von 60 Minuten auf dem Crosstrainer mit einer Intensität von 60 - 65% Hfmax trainiert. 60-65% Hfmax ist in jeder Einheit, ausgenommen REKOM-Training, die Mindestintensität, denn die trainingswirksame Mindestreizschwelle zur Auslösung von Anpassungserscheinungen liegt für untrainierte bzw. normal leistungsfähige Personen bei einer Belastungsintensität von ca. 45-50 % der VO2max oder ca. 60-65 % Hfmax oder ca. 45-50 % Hfreserve (ACSM, 2006b). Diese Intensität kann als erste Orientierungsgröße für die Belastungsdosierung zu Beginn eines Ausdauertrainings angesehen werden. 60-65% der Hfmax beträgt zum Beispiel eine Pulsuntergrenze von 117 bis zu einer Pulsobergrenze von 127. Donnerstags wird 40 Minuten nach der variablen Dauermethode trainiert. Diese ist eine Mischform zwischen der extensiven und der intensiven Dauermethode. Demnach wird immer abwechselnd im fünf Minuten Takt im extensiven Bereich mit einer Intensität von 70-75% Hfmax und im intensiven Bereich mit einer Intensität von 80 - 85% Hfmax trainiert. Man kann die Intensitäten während der Einheit neben dem Nutzen einer Pulsuhr auch relativ gut mit der Atmung steuern. Man kann in der extensiven Dauermethode mit einer 4er-Schritt-Atmung laufen und in der intensiven Dauermethode mit einer 3er-Schritt-Atmung. Das ganze läuft nach dem Prinzip des optimalen Verhältnisses von Belastung und Erholung. Dies bedeutet ein methodisch sinnvoller Wechsel von Trainingseinheiten höherer und niedrigerer Intensität (variable und extensive Dauermethode) bzw. Integration von regenerativen Trainingseinheiten bei mehrmaligem Training pro Woche.

In Woche 2 bleiben alle Parameter, außer der einzelnen Trainingsdauer, gleich wie in Woche 1. Das Prinzip der progressiven Belastungssteigerung, welches in dieser Trainingssteuerung angewendet wird, sagt Häufigkeit vor Umfang vor Intensität. Da die Klientin keine Anfängerin mehr ist, und bereits regelmäßiges Ausdauertraining betrieben hat, wird mit drei Einheiten pro Woche gestartet und das auch erstmal beibehalten, da ihr zeitlicher Verfügungsrahmen nicht mehr hergibt. Der Umfang pro Woche ist demnach das einzige, was erhöht wird. Das bedeutet die extensive Dauermethode montags erhöht sich auf 35 Minuten. Die variable Dauermethode donnerstags erhöht sich auf 45 Minuten. und die extensive dauermethode samstags erhöht sich auf 65 Minuten. Das heißt insgesamt wurde der Wochenumfang um ca. 10% von 130 Minuten auf 145 Minuten pro Woche erhöht. Eine ähnliche Veränderung findet von Woche zwei auf drei statt. Der Umfang ist erneut das einzige, was erhöht wird. Montags wird 40 Minuten nach der extensiven Dauermethode, donnerstags 45 Minuten nach der variablen Dauermethode und samstags 75 Minuten wieder nach der extensiven Dauermethode trainiert. Der Wochenumfang erhöht sich also erneut von 145 Minuten auf 160 Minuten pro Woche, also wieder um ca. 10 % um eine Überbelastung zu vermeiden. In Woche vier folgt nun in mehreren Parametern eine Veränderungen. Da nach einem Be-/Entlastungsverhältnis von 3:1 trainiert wird, gibt es drei Wochen eine Trainingssteigerung, also Belastung, und eine etwas lockere Trainingswoche, also Entlastung. Ein vernünftiges Be-/Entlastungsverhältnis sorgt für bessere Anpassungserscheinungen nach der Entlastungsphase. Da die ersten drei Wochen bereits die Belastung dargestellt haben, folgt nun in Woche vier die Entlastung. Das bedeutet, die Trainingsintensität und der Umfang werden in dieser Woche verringert. Außerdem wird ein GA1 Trainingsbereich durch ein REKOM ausgetauscht und das Trainingsgerät wird montags und samstags getauscht. Genauer betrachtet heißt das, montags wird die Trainingsintensität auf 60-65% herabgesetzt und die Trainingsdauer bleibt bei 40 Minuten. Dafür wird der Crosstrainer genutzt. Der Donnerstag bleibt exakt wie in Woche drei. Dafür wird der Samstag durch ein REKOM-Training ersetzt. Das bedeutet nichts anderes als ein Regenerationstraining. Der Regenerationsbereich ist durch eine sehr niedrige Belastungsintensität gekennzeichnet. Das Training findet ausschließlich in aerober Stoffwechsellage statt, d. h. es kommt zu keiner nennenswerten Laktatproduktion. Der Laktatspiegel liegt unter 2 mmol/l (Hottenrott, 2006; Zintl & Eisenhut, 2001). Die bevorzugte Trainingsmethode für das REKOM-Training ist die extensive Dauermethode. Die Trainingsintensität liegt zwischen 50-60 % Hfmax (Hottenrott, 2006). Das REKOM-Training fördert in erster Linie die aktive Regeneration nach vorangegangenen intensiven Trainingseinheiten, aber auch zahlreiche gesundheitspositive Effekte, wie eine bessere Nährstoffzufuhr oder eine Verbesserung des Stoffwechsels sind zu erwarten. Sie unterstützen außerdem die Erholung und fördern den Stressabbau. Die Klientin trainiert dann also 20 Minuten bei 55-60% Hfmax. Diese Einheit gilt als aktive Regeneration, sollte dennoch nicht zu lang und nicht zu intensiv sein. Das Fahrrad ist für eine regenerative Einheit orthopädisch gut geeignet, da anders wie beim Joggen keine Stoßbelastungen auf die Gelenke wirken. Die bradytrophen Strukturen, wie Knorpel, Sehnen oder Bänder werden dadurch entlastet, also wurde das Trainingsgerät von montags mit samstags getauscht. Innerhalb jeder dieser ersten vier Wochen wurden verschiedene Intensitäten gewählt, um verschiedene Stoffwechselbereiche anzusprechen. REKOM-Training führt, wie bereits erwähnt zu einer besseren Nährstoffversorgung, sowie zu einer Verbesserung des Stoffwechsels. Außerdem wird der Stressabbbau gefördert. Bei einem Training im GA1-Bereich kommt es zu einer Aktivierung und Verbesserung des Fettstoffwechsels sowie zu einer Ökonomisierung und Stabilisierung der Funktionen des Herz-Kreislauf-Systems. Dadurch wird insgesamt eine Erhöhung der aeroben Kapazität bzw. der aeroben Leistungsfähigkeit erreicht. Bei intensiveren Belastungen, zum Beispiel in den intensiven Teilen der variablen Methode, kommt es zu einer Verbesserung der aerob-anaeroben Leistungsfähigkeit sowie zur Reduzierung des Körperfettanteils.

Ab der fünften Woche startet das 3:1 Be-/Entlastungsverhältnis erneut. Da die Häufigkeit, sowie der Umfang bereits erhöht wurde, kann man als nächsten Schritt der progressiven Belastungssteigerung die Intensität erhöhen. Woche fünf startet also montags mit einem GA1-Training nach der extensiven Dauermethode mit einer Intensität von 70-75% Hfmax. Die Trainingsdauer beträgt, da der Umfang im Verhältnis zu Woche eins erneut gesteigert wird, nun 35 Minuten. Der Donnerstag ist identsich mit dem aus Woche eins. Am Samstag wird dann die Intesität von 60-65% auf 65-70% Hfmax erhöht. Die Trainingsdauer beträgt, wie in Woche eins, 60 Minuten. Die Trainingsmethoden bleiben in Woche sechs und sieben, wie in Woche fünf. Die Intensität wurde bereits gesteigert, also wird der Belastungsumfang pro Woche jeweils wieder um ca. 10% erhöht. Woche fünf, sechs und sieben entsprechen dann wieder der Belastung und Woche acht entspricht der Entlastung. Demach wird in Woche acht montags die Intensität bei der extensiven Dauermethode von 70-75% Hfmax auf 65-70% Hfmax und die Trainingsdauer auf 30 Minuten herabgesetzt. Diese Einheit wird wieder wie in der letzten Entlastungswoche auf dem Crosstrainer absolviert. Am Donnerstag wird dann die Trainingsdauer auf 40 Minuten runtergefahren, die Intensität bleibt jedoch gleich. Zuletzt folgt dann samstags wieder ein identisches REKOM-Training, wie in Woche vier. Allerdings wird nun 30 Minuten trainiert.

Das Verhältnis der einzelnen Trainingsbereiche beträgt in diesem Mesozyklus GA1 60-65%, GA2 30-35% und REKOM <5% (modifiziert nach Neumann et al., 2007). Das GA1-Training nimmt also den Großteil dieses Mesozyklus ein. Das ist einerseits so, weil die Grundlagenausdauer immer trainiert werden muss, da die dadurch aufgebauten aeroben Enzyme bereits nach einer Woche zerfallen. Andererseits trainiert man in den weniger intensiven Einheiten der extensiven Dauermethode den Fettstoffwechsel, was ebenfalls der Kundin bei Ihrem Ziel der Gewichtsreduktion hilft. Man bringt dem Körper also den Fettstoffwechsel zunächst bei. Das dauert mindestens acht Wochen, muss aber immer weiter trainiert werden. In den intensiveren Einheiten wird dann, nachdem der Fettstoffwechsel gut trainiert ist, der Fettabbau angekurbelt. Je besser man trainiert ist, desto mehr nutzt man den Fettstoffwechsel anstatt den Kohlenhydratstoffwechsel auch in den intensiveren Einheiten. Außerdem kann der Körper irgendwann auch in der Regeneration Fett verbrennen. In den intensiveren Einheiten kann man außerdem mehr Kalorien verbrennen.

Nach diesen acht Wochen ist ein Mesozyklus mit dem Ziel Aufbau und Stabilisierung der Grundlagenausdauer (GA1) absolviert.

4   Literaturrecherche

Tab. 7: Literaturrecherche Diabetes mellitus Typ-2

	Studie 1	Studie 2
Titel	Long-term effects of lifestyle intervention or metformin on diabetes development and microvascular complications over 15-year follow-up: the Diabetes Prevention Program Outcomes Study	Effekte des metabolisch gesteuerten Ausdauertrainings auf den postprandialen Stoffwechsel des Patienten mit Typ 2 Diabetes und koronarer Herzkrankheit
Autoren	Prof, David M. Nathan	M.Schütt, F.Kafsack, E.Markmann, B.Schwaab
Erscheinungs- jahr	2015	2009
Forschungsfrage	Beeinflusst ein positiver Lebensstil die durch Diabetes hervorgerufenen mikrovaskulären Komplikationen?	Was ist die optimale aerobe Trainingsintensität für Typ 2 Diabetiker/Menschen mit koronarer Herzkrankheit mit dem größtmöglichen Effekt auf den postprandialen des herzkranken Diabetikers?
Versuchspersonen	Gruppe aus Personen mit hoher Anfälligkeit für Diabetes	Es wurden Patienten mit angiographisch nachgewiesener KHK untersucht, deren 2h-Wert im oralen Glucosetoleranztest (OGTT-0) $\geq$200mg/dl betrug.
Versuchsaufbau	3 Jahre. Es wird das langfristige Ausmaß eines positiven Lebensstils und der Einnahme eines Zuckermedikaments(metformin) zur Diabetes Prävention verglichen. Die Personen mit positivem Lebensstill sollen diesen halbjährlich verstärken und die andere Gruppe erhält metformin. Für die Beurteilung der mikrovaskulären Erkrankung wurde eine Summe mikrovaskulärer Parameter genutzt.	Die Patienten erhielten keine antidiabetische und keine Ernährungs- oder Bewegungstherapie. Die Patienten wurden morgens nüchtern in der Spiroergometrie (Fahrradergometer) bis in den sicher anaeroben Bereich ausbelastet (respiratorischer Quotient (RQ) $\geq$1,20) und danach ein weiterer OGTT durchgeführt (OGTT-1). Am nächsten Tag erfolgte zur gleichen Uhrzeit nüchtern eine zweite Spiroergometrie mit einer aeroben steady-state-Belastung über 30min Dauer und einem angestrebten RQ gerade unterhalb der anaeroben Schwelle (0,90–0,95). Anschließend wurde erneut ein OGTT durchgeführt (OGTT-2).

Ergebnis/ Schlussfolgerung	Das Diabetesvorkommen in der Gruppe mit positivem Lebensstil wurde um 27% reduziert. In der metformin Gruppe wurde es um 18% reduziert.	Von 15 konsekutiv eingeschlossenen Patienten, konnten 5 nicht ausbelastet werden. Die übrigen 10 Patienten erreichten eine maximale Belastbarkeit von durchschnittlich 99±32 Watt. Die aerobe Ausdauerleistungsfähigkeit lag im Mittel bei 29±10 Watt und damit bei durchschnittlich 29% der maximalen Wattleistung. Körperliches Training bis in den anaeroben Bereich führte zu keiner Veränderung des postprandialen Stoffwechsels, während ein aerobes Training zu einer signifikanten Reduktion des postprandialen Blutzuckers unterhalb der Definitionskriterien für einen manifesten Diabetes führten .

5   Literaturverzeichnis

American College of Sports Medicine. (2006b). *Guide-lines for exercise testing and pre-scripiton* (5. Aufl.). Philadelphia: Lippincott Williams & Wilkins.

ÄrzteZeitung. (2005). *Sport für Hypertoniker? Ja, aber die Tücke liegt im Detail*. Verfügbar unter Sport für Hypertoniker? Ja, aber die Tücke liegt im Detail (aerztezeitung.de)

Drucker, P.F.,(1977). *People and Performance: The Best of Peter Drucker on Management*. New York: Hapers Collage Press.

Hottenrott, K. (2006). *Trainingskontrolle mit Herzfrequenz-Messgeräten* (1. Aufl). Aachen: Meyer & Meyer.

Kunz, M. & Karanikas, K. (2016). *Medizinisches Aufbautraining – Grundlagen, Indikatoren, Klinische Anwendungen*. München: Urban&Fischer.

Mancia et al. (2007). *2007 Guidelines for the management of arterial hypertension: The Task Force for the Management of Arterial Hypertension of the European Society of Hypertension (ESH) and of the European Society of Cardiology (ESC)*. Eur Heart. S.1286.

Meyer, T. & Faude, O. (2006). Standards der Sportmedizin. Feldtests im Fußball. *Deutsche Zeitschrift für Sportmedizin*, 57 (5), 147–148.

Nathan, Prof, David M. (2015). *Long-term effects of lifestyle intervention or metformin on diabetes development and microvascular complications over 15-year follow-up: the Diabetes Prevention Program Outcomes Study*. Verfügbar unter Long-term effects of lifestyle intervention or metformin on diabetes development and microvascular complications over 15-year follow-up: the Diabetes Prevention Program Outcomes Study - PubMed (nih.gov)

Neumann, G., Pfützner, A. & Berbalk, A. (2007). *Optimiertes Ausdauertraining* (5., überarb. Aufl.). Aachen: Meyer & Meyer.

Schütt,M., Kafsack, F., Markmann, E., Schwaab. B. (2009). *Effekte des metabolisch ge-steuerten Ausdauertrainings auf den postprandialen Stoffwechsel des Patienten mit Typ 2 Diabetes und koronarer Herzkrankheit.* Verfügbar unter Thieme E-Journals - Diabeto-logie und Stoffwechsel / Abstract (thieme-connect.com)

Trunz, E. (2001). *IPN-Test® – Ausdauertest für den Fitness- und Gesundheitssport. Köln,* Institut für Prävention und Nachsorge. Köln.

Zintl, F. & Eisenhut, A. (2001). *Ausdauertraining. Grundlagen Methoden Trainingssteu-erung* (5. überarb. Aufl.). München: BLV.

6   Tabellenverzeichnis